COCHINCHINE FRANÇAISE

MESSAGERIES FLUVIALES DE COCHINCHINE

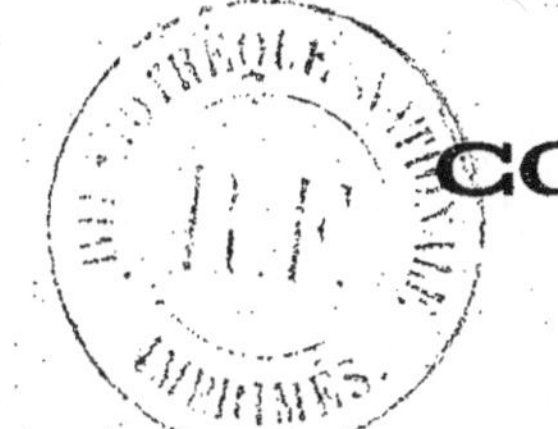

CONTRATS

POUR LE

Service postal des Correspondances fluviales et maritimes

DE LA

COCHINCHINE, DU CAMBODGE ET DU SIAM

PARIS

SOCIÉTÉ ANONYME DE L'IMPRIMERIE KUGELMANN
12, rue de la Grange-Batelière, 12
—
1895

CONTRAT

POUR L'EXPLOITATION DU SERVICE POSTAL

ET DES

CORRESPONDANCES FLUVIALES

DANS L'INTÉRIEUR DE LA COCHINCHINE ET DU CAMBODGE

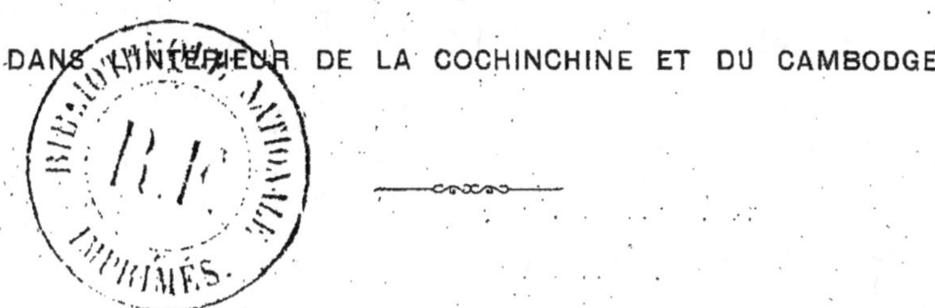

Vu le contrat du 22 décembre 1880, conclu avec la Compagnie des Messageries fluviales pour l'exploitation du service postal intérieur de la Cochinchine et du Cambodge, pendant une période de neuf années, du 1er janvier 1882 au 31 décembre 1890;

Vu l'acte additionnel du 9 mars 1885, prorogeant le contrat précité jusqu'au 31 mars 1891;

Vu le marché en date du 31 janvier 1884, relatif à l'organisation des lignes de Pnom-Penh à Battambang et de Pnom-Penh à Sambock;

Vu la délibération du Conseil colonial en date du 14 janvier 1886, prorogeant pour une nouvelle période de neuf années, à compter de leur échéance, les divers contrats qui viennent d'être énumérés;

Considérant que cette prolongation a été autorisée sous certaines conditions qui ne se trouvent pas indiquées dans les contrats précités et qu'il y aurait lieu de les y insérer :

Entre M. Nouët (Louis-Hippolyte-Marie), Directeur de l'intérieur, stipulant au nom de la Colonie de Cochinchine, en vertu de la délibération du Conseil colonial susvisée, d'une part,

Et M. Araud, délégué de la Compagnie des Messageries fluviales, dont le siège est à Paris, rue Bergère, 9, stipulant au nom de ladite Compagnie, d'autre part.

Il a été convenu ce qui suit :

CHAPITRE PREMIER

Article premier. — M. Araud, ès qualité qu'il agit, s'engage envers M. le Directeur de l'intérieur, qui accepte, au nom de la Colonie, à établir un service régulier de bateaux à vapeur et qui comprend les lignes portées au tableau ci-après :

DÉSIGNATION DES LOCALITÉS	NOMBRE DE VOYAGES PAR AN	DISTANCES EN MILLES	ALLER ET RETOUR	DISTANCES ANNUELLES EN MILLES MARINS	DISTANCES ANNUELLES EN LIEUES MARINES
Saïgon à Pnom-Penh (grand fleuve)	104	238 5	477	49.608	16.536 00
Saïgon à Pnom-Penh, hautes eaux (Bassac)	26	250	500	13.000	4.333 33
Saïgon à Pnom-Penh, saison sèche (grand fleuve)	26	238 5	477	12.402	4.134 00
Mytho à Daingai	156	192	384	59.904	19.968 00
Mytho à Bentré et Travinh et retour par Bentré	156	68 5	137	21.372	7.124 00
Saïgon à Tayninh	52	122	244	12.688	4.229 33
Saïgon au Cap et Baria	52	63 5	127	6.604	2.201 33
Daingai à Baclieu	156	40	80	12.480	4.160 00
Pnom-Penh à Battambang	26	198	396	10.296	3.432 00
Pnom Penh à Krétié	52	125	250	13.000	4.333 33
Krétié à Sambock	26	10	20	520	173 33
Saïgon à Thudaumot	26	21 5	43	1.118	372 66
Saïgon à Bienhoa	26	26	52	1.508	502 66
TOTAUX	884	1593 5	3187	214.545	71.499 97

(3º voyage)

Art. 2. — La colonie s'interdit de subventionner un service particulier sur les lignes faisant l'objet du présent contrat, mais elle se réserve le droit, moyennant une subvention complémentaire calculée sur les tarifs du présent contrat, de doubler les lignes prévues ou d'exiger la création de lignes nouvelles, sans que cette augmentation des parcours puisse dépasser la moitié du nombre de lieues à parcourir annuellement.

La colonie pourra également augmenter ou diminuer le nombre des escales et modifier les itinéraires.

Art. 3. — Le concessionnaire s'engage à transporter gratuitement la correspondance et les colis postaux sur les lignes concédées ainsi que sur les annexes qu'il établirait ultérieurement, à ses risques et périls.

Il est tenu en outre de transporter gratuitement les pièces d'or, d'argent et de cuivre pour le service de l'Etat et de la |Colonie, ainsi que les vivres envoyés par la Commission des ordinaires dans les postes de l'intérieur.

Art. 4. — L'Administration, après avoir pris l'avis du représentant de la Compagnie, fixera les jours et heures des départs ; elle réglera également le temps maximum à passer aux escales et arrêts, elle déterminera la durée moyenne des traversées.

Art. 5. — La correspondance des différentes lignes devra être scrupuleusement établie, les retards qui pourraient survenir seront constatés par procès-verbal de l'agent des postes.

Art. 6. — Aucune escale ou arrêt ne pourra être établi sans le consentement de l'Administration.

CHAPITRE II

Art. 7. — Le Directeur de l'intérieur est chargé de l'exécution générale du service ; les administrateurs et les agents des postes, de sa surveillance.

Les délégués de l'Administration auront le droit de faire à bord des navires toutes les visites qu'ils croiront nécessaires.

CHAPITRE III

Art. 8. — La Compagnie s'engage à avoir à flot le 1er avril 1888 :

3 paquebots de .... 400 tonneaux.
5   do   120   do

Art. 9. — Tous ces navires devront naviguer sous pavillon français ; leurs équipages seront exclusivement composés de Français ou d'annamites sujets français.

Art. 10. — La Compagnie sera tenue de remplacer dans le délai de deux ans tout navire qui viendrait à se perdre ou à être mis hors de service.

Art. 11. — La vitesse moyenne par heure devra être de neuf nœuds pour les 3 paquebots de 400 tonnes, et de huit nœuds pour les paquebots de 120 tonnes.

Art. 12. — Les navires affectés aux services mentionnés à l'article 1er ne seront employés qu'après avoir été examinés et reçus par une Commission spéciale nommée par le Gouverneur, laquelle aura qualité, seule, pour autoriser la mise en service ; cette Commission s'assurera que les bâtiments répondent aux conditions suivantes :

1° Que les navires, leurs embarcations et les appareils sont en bon état, d'une solidité suffisante et propres au service postal et commercial auquel ils sont destinés ;

2° Que les chaudières peuvent supporter à froid, sans déformation sensible, la charge en usage dans la marine française :

3° Qu'au tirant d'eau moyen les vitesses sont supérieures d'un nœud à la vitesse moyenne exigée.

Art. 13. — Les trois paquebots faisant le service entre Saïgon et Pnom-Penh seront installés dans les mêmes conditions de confort et de sécurité que les meilleurs paquebots naviguant dans les mers de Chine.

Ils devront comprendre des aménagements propres à recevoir des passagers de trois classes ; les installations seront pourvues de tous les objets nécessaires à l'usage des voyageurs.

Les autres vapeurs devront également comprendre trois classes avec lieux d'aisances ; tous les bateaux seront couverts d'une toiture ou paillotte afin que tous les voyageurs soient à l'abri du soleil et de la pluie.

Tous les navires, autres que les chaloupes, seront munis d'une glacière.

Art. 14. — Les navires, leurs embarcations, leurs machines et tous les objets d'armement devront être tenus dans un état constant de bon entretien.

Art. 15. — Si la Compagnie avait à construire de nouveaux navires ou à en remplacer d'anciens, ces bâtiments devraient être construits en France.

Toutefois, dans le cas de remplacement immédiat pour cause de perte, et si l'urgence est constatée, la Compagnie pourra être autorisée à acheter des bâtiments de provenance étrangère.

CHAPITRE IV

Art. 16. — Une soute fermant à clef devra être réservée sur chaque navire ou chaloupe pour les dépêches et les groups ; il y aura en outre une boîte à bord.

La Compagnie sera responsable des dépêches comme un agent des postes ; elle n'aura droit à aucune indemnité de ce fait.

Il ne sera reçu à bord que les dépêches et correspondances remises au capitaine par les agents des postes ou jetées à la boîte par les particuliers pour rentrer dans le service postal. La Compagnie aura, toutefois, la faculté de transporter en dehors de la poste ses papiers de service.

Les lettres et paquets formant cette correspondance devront être placés sous bande, mais resteront entre les mains du capitaine.

Toutefois, en cas de suspicion de fraude, les agents des postes auront le droit d'exiger l'ouverture des lettres et paquets et procéderont à l'examen sommaire de leur contenu.

Conformément aux dispositions de l'arrêté du 27 prairial an IX, il est interdit à la Compagnie de transporter des plis cachetés.

Toute contravention aux lois sur le transport des lettres, commise par la Compagnie ou ses agents, sera punie conformément aux lois.

En cas de récidive, et si les circonstances démontraient que le fait de contravention doit être attribué à l'un des agents de la Compagnie, cet agent, sur la demande du Gouverneur, devrait être destitué, sans préjudice des peines qu'il aurait encourues.

Art. 17. — La Compagnie est, en principe, chargée de prendre et porter dans les escales les dépêches au bureau de poste ; cette obligation est formelle dans les localités placées aux escales mêmes, que le bateau accoste ou non.

L'Administration n'interviendra, dans le transport des dépêches entre le bureau et les paquebots, que quand il s'agira d'escales éloignées des bureaux et pour lesquelles il n'y aura pas de service de correspondance organisé.

CHAPITRE V

Des passagers et des marchandises.

Art. 18. — La Compagnie aura le droit de transporter par ses navires les passagers et les marchandises. Le produit des passagers, des matières d'or et d'argent et des marchandises appartiendra à la Compagnie. Le produit de la taxe des correspondances et de leur transport appartiendra à la colonie.

Art. 19. — Les passagers civils et militaires, voyageant sur réquisition de l'Administration, seront admis sur les paquebots de la Compagnie en vertu d'un ordre du Directeur de l'intérieur ou du chef du service administratif.

Les passagers de 1re classe payeront 0 franc 40 centimes par lieue marine parcourue. Ceux de 2e classe, 30 centimes. Lorsque le nombre des passagers du Gouvernement sera supérieur au quart des places disponibles, la Compagnie devra être prévenue cinq jours à l'avance.

Les sous-officiers et soldats voyageant en troupe, ainsi que les autres passagers de 3e classe voyageant sur réquisition, seront transportés au prix de 15 centimes par lieue parcourue.

Bien que le point de départ des lignes de l'Ouest soit Mytho, la Compagnie s'engage à accepter entre Saïgon et cette localité, et *vice versa*, toute réquisition au tarif administratif.

Un restaurant sera établi à bord des paquebots, les tarifs des vivres et consommations seront arrêtés par l'Administration. Quand les troupes resteront plus de douze heures à bord, elles auront droit au fourneau.

Les passagers des deux premières classes auront droit à 250 kilogrammes de bagages, ou en encombrement un mètre cube. Les autres passagers, à 50 kilogrammes seulement.

Art. 20. — La Compagnie sera tenue de recevoir sur ses bâtiments, jusqu'à concurrence du quart du chargement : les armes, munitions, approvisionnements destinés au service de l'Etat et de la colonie, moyennant un fret de 10 centimes par tonneau d'encombrement ou de mille kilogrammes et par lieue marine parcourue, y compris les frais de chargement et de déchargement sous palan.

Les bateaux seront tenus d'accoster aux appontements, sauf les cas de force majeure.

La Compagnie devra suivre les indications du préposé de l'Administration pour l'arrimage des munitions.

Art. 21. — La Compagnie fixera ses tarifs pour les voyageurs et marchandises du commerce, sans cependant que les prix puissent être supérieurs de plus de cinquante pour cent à ceux arrêtés par l'Administration.

Les tarifs déclarés par la Compagnie ne peuvent être surélevés qu'après une période de trois mois d'application.

CHAPITRE VI

Des pénalités.

Art. 22. — Les départs auront lieu aux jours et heures fixés par l'Aministration. Tout retard aux heures de départ ou d'arrivée, sauf le cas de force majeure ou de réquisitions signées par qui de droit, rendra la Compagnie passible d'une amende de 10 francs pour la première heure, de 20 francs pour la deuxième et les heures suivantes.

Art. 23. — Si le retard dépassait vingt-quatre heures, l'agent des postes prendrait les mesures nécessaires pour assurer le transport des dépêches aux frais de la Compagnie, sans préjudice de l'amende encourue.

Art. 24. — En cas de perte d'un bâtiment, si le remplacement prescrit par l'article 10 ne se faisait pas dans les délais réglementaires, la Compagnie serait passible d'une amende de 50 francs par jour de retard.

Art. 25. — Le montant des amendes, fixées conformément aux articles ci-dessus, sera prélevé par l'Administration sur les sommes dues à la Compagnie.

Il sera affiché dans chaque bateau ou chaloupe, dans un endroit apparent, un extrait en français, annamite et chinois, du règlement sur l'opium, les alcools, les armes et munitions et la poste.

CHAPITRE VII

Mode de payement de la subvention.

Art. 26. — Le montant de la subvention est fixé ainsi qu'il suit par lieue marine parcourue :

8 francs 54 centimes pour les bâtiments de 120 tonnes et au-dessus.

5 francs pour la chaloupe desservant la ligne de Daingai à Baclieu.

3 francs pour la chaloupe desservant la ligne de Mytho à Bentré et Travinh.

L'exploitation des lignes telles qu'elles sont fixées à l'article 1er est concédée à la Compagnie des Messageries fluviales de Cochinchine pour une période de temps finissant le 31 mars 1900.

La Compagnie exécutera les services mentionnés à l'article 1er du présent contrat à ses risques et périls, et toutes les dépenses de nature quelconque, y compris les risques de mer et de navigation, seront à sa charge.

Art. 27. — Le payement de la subvention sera ordonnancé à terme échu par le Directeur de l'intérieur de mois en mois, par douzième, sous la déduction des retenues qui auraient pu être prononcées dans les cas prévus au présent contrat.

Les payements auront lieu à Saïgon, en piastres au cours du jour.

CHAPITRE VIII

Dispositions particulières.

Art. 28. — Dans le cas où la Compagnie suspendrait l'exploitation, le Gouvernement local aurait le droit de reprendre à dire d'experts les bâtiments avec leur matériel et les approvisionnements sans préjudice des dommages-intérêts à réclamer.

Art. 29. — La Compagnie ne pourra sous-traiter en tout ou en partie sans le consentement par écrit du Gouverneur ; s'il était reconnu qu'elle ait sous-traité sans ce consentement, le Gouvernement local serait en droit de résilier le marché sans indemnités.

CHAPITRE IX

Clauses spéciales.

Art. 30. — Les navires de la Compagnie seront exempts des droits de phare et d'ancrage dans les ports de la colonie. Ils pourront se dispenser de prendre des pilotes.

Art. 31. — Tous les payements à faire à la Compagnie seront passibles de la retenue du 3 0/0 pour précompte au profit du Trésor (art. 23 de la loi des finances du 29 décembre 1882).

Art. 32. — Les frais d'enregistrement du présent contrat sont fixés à 1 franc et restent à la charge de la Compagnie, qui s'engage en outre à fournir cent exemplaires imprimés du présent contrat.

Art. 33. — Toutes conventions antérieures au présent contrat sont et demeurent abrogées.

Saïgon, le 29 avril 1886.

Le Directeur de l'intérieur,
Signé : NOUET.

Le Représentant de la Compagnie,
Signé : ARAUD.

Approuvé en séance du Conseil privé du 29 avril 1886.

Le Gouverneur,
Signé : BÉGIN.

Enregistré à Saïgon (Cochinchine française), le 10 mai 1886, folio 128, verso, case 6. Reçu dix-neuf cents.

Signé : Gers des Rivières.

SERVICE POSTAL
et des
*Correspondances
fluviales et mariti-
mes dans l'intérieur
de la Cochinchine.*

DURÉE
DE L'EXPLOITATION
Du 27 septembre 1889
au 31 mars 1900
—
DATE DU MARCHÉ
31 juillet 1889

COCHINCHINE FRANÇAISE

LIGNES

DU

CAMBODGE ET DE SIAM

ACTE ADDITIONNEL au Contrat du 29 avril 1886

Vu l'article 6 du traité du 15 juillet 1867 entre la France et le royaume de Siam ;

Vu la délibération du Conseil colonial en date du 19 juin 1889 ;

Vu le contrat du 29 avril 1886 entre la Colonie et la Compagnie des Messageries fluviales,

L'an 1889, le 31 juillet,

Entre le Lieutenant-Gouverneur p. i., stipulant au nom de la Colonie de Cochinchine, en vertu d'une délibération du Conseil colonial du 19 juin 1886, d'une part,

Et M. Araud (Aristide), Directeur de l'exploitation de la Compagnie des Messageries fluviales, dont le siège est à Paris, rue Bergère, 9, stipulant au nom de ladite Compagnie, d'autre part,

Il a été convenu ce qui suit :

ARTICLE PREMIER. — M. Araud, ès qualité qu'il agit, s'engage envers M. le Lieutenant-Gouverneur, qui accepte au nom de la Colonie, à établir un service régulier de vapeurs entre Chandoc et Pnum-Penh, Samboc et Stung-Treng, et *vice versa*, aux clauses et conditions suivantes :

ART. 2. — Le service entre Chaudoc et Pnum-Penh sera exécuté par un bateau de rivière remplissant les conditions prévues à l'article 4 ci-après. Il fonctionnera hebdomadairement pendant toute la durée de l'année.

ART. 3. — La ligne de Samboc à Stung-Treng fonctionnera hebdomadairement à l'époque des hautes eaux pendant une période de temps qui ne sera pas sensiblement inférieure à quatre mois.

ART. 4. — La Compagnie affecte spécialement au service des nouvelles lignes un bateau de rivière d'environ 40 mètres de long, dont e tirant d'eau ne devra pas dépasser 0^{m}70 après chargement ordinaire et dont la vitesse en marche régulière ne devra pas être inférieure à 8 nœuds et devra pouvoir atteindre 11 nœuds. Ce vapeur viendra en surplus de ceux prévus pour les lignes de Cochinchine et Cambodge par le cahier des charges du 29 avril 1886.

ART. 5. — Le concessionnaire recevra pour les services mentionnés ci-dessus une subvention de 8 fr. 54 par lieue marine parcourue, fixée par l'article 26 du cahier des charges précité.

ART. 6. — La Compagnie exécutera les services mentionnés ci-dessus à ses risques et périls, et toutes les dépenses de nature quelconque, y compris les risques de mer et de navigation, seront à sa charge.

ART. 7. — Dans le cas où le bâtiment spécial affecté aux nouvelles lignes viendrait à se perdre ou serait mis hors de service, la Compagnie aura un délai d'un an pour le remplacer.

ART. 8. — Le service entre Chaudoc et Pnum-Penh par le Bassac aura Chaudoc pour tête de ligne. Il sera indépendant de celui existant sur le Grand-Fleuve, qui assurera toute l'année, tant à l'aller qu'au retour, les communications entre Saïgon et Pnum-Penh à raison de trois voyages par semaine sans augmentation du taux de la subvention actuelle.

ART. 9. — Conformément au vote du Conseil colonial en date du 19 juin 1889, le présent contrat entrera en vigueur dès que la Compagnie aura fait accepter le nouveau vapeur spécial indiqué plus haut ; ce vapeur devra être à flot dans le délai d'un an à partir de l'approbation de l'acte additionnel.

ART. 10. — Les articles 2, 3, 4, 5, 6, 7, 9, 12, 13, 14, 15, 16, 17, 18, 19, 20, 21, 22, 23, 24, 25, 27, 28, 29, 30, 31, 32 du contrat du 29 avril 1886 sont applicables au présent acte, qui prendra fin à la même date.

ART. 11. — Le présent acte additionnel sera soumis à l'approbation de M. le Gouverneur général en Conseil privé.

Saïgon, le 31 juillet 1889.

Le Lieutenant-Gouverneur p. i.,
Signé : J. FOURÈS.

Le Représentant de la Compagnie,
Signé : ARAUD.

Approuvé en séance du Conseil privé du 27 septembre 1889.

Pour le Gouverneur général empêché,
Le Lieutenant-Gouverneur,
Signé : H. DANEL.

Enregistré à Saïgon (Cochinchine française), le 1er octobre 1889, fo 49, recto, case 5. Reçu vingt-cinq cents.

Signé : LAMOUROUX.

SERVICE POSTAL
et des
*Correspondances fluviales et mariti-
mes dans l'intérieur
de la Cochinchine.*

DURÉE
DE L'EXPLOITATION
—
Du 6 avril 1890
au 31 mars 1900

COCHINCHINE FRANÇAISE

ACTE ADDITIONNEL AU CONTRAT DU 29 AVRIL 1886

Pour l'exploitation du Service postal et des Correspondances fluviales

LIGNE DE TANAN A TRABEC (Cambodge)

Vu la délibération du Conseil colonial en date du 8 janvier 1890 ;

Vu le contrat du 29 avril 1886 entre la Colonie et la Compagnie des Messageries fluviales,

L'an 1890, le 8 janvier,

Entre le Secrétaire général, stipulant au nom de la Colonie de Cochinchine en vertu de la délibération du Conseil colonial du 8 janvier 1890 susvisée d'une part,

Et M. Araud (Aristide), Directeur de l'exploitation de la Compagnie des Messageries fluviales, dont le siège est à Paris, rue Bergère, 9, stipulant au nom de ladite Compagnie d'autre part,

Il a été convenu ce qui suit :

Article premier. — M. Araud, ès qualité qu'il agit, s'engage envers M. le Secrétaire général, qui accepte au nom de la Colonie, à établir un service régulier de chaloupe à vapeur entre Tanan et Trabec (Cambodge) et *vice versa*, aux clauses et conditions suivantes :

Art. 2. —Le service entre Tanan et Trabec sera exécuté par une chaloupe à vapeur remplissant les conditions prévues à l'article 3 ci-après : Il fonctionnera hebdomadairement au moins pour la première année.

Art. 3. — La Compagnie affecte spécialement au service de la nouvelle ligne une chaloupe à vapeur, laquelle n'aura pas moins de 17 mètres de long sur 3m50 de large, et d'un tirant d'eau inférieur à 1m50, permettant d'assurer le service en toute saison. Cette chaloupe viendra en surplus de celles prévues, pour les lignes de Cochinchine et Cambodge, par le cahier des charges du 29 avril 1886.

Art. 4. — Le concessionnaire recevra, pour les services mentionnés ci-dessus, une subvention de 5 francs par lieue marine parcourue.

Art. 5. — La Compagnie exécutera les services mentionnés ci-dessus à ses risques et périls, et toutes les dépenses de nature quelconque, y compris les risques de navigation, seront à sa charge.

Art. 6. — Dans le cas où le bâtiment spécial affecté à la nouvelle ligne viendrait à se perdre ou serait mis hors de service, la Compagnie aura un délai de quatre mois pour le remplacer.

Art. 7. — Le service entre Tanan et Trabec, aura ce dernier point comme tête de ligne, et assurera entre ces deux localités les communications, avec escale sur le parcours, dans les plus grands centres du canton de Moc-Hoa, à raison d'un voyage par semaine, moyennant la subvention fixée à l'article 4.

Art. 8. — Conformément au vote du Conseil colonial en date du 8 janvier 1890, le présent contrat entrera en vigueur dès que la Compagnie aura fait accepter la nouvelle chaloupe spéciale indiquée plus haut ; cette chaloupe devra être à flot dans le délai d'un mois à partir du jour de l'approbation de l'acte additionnel.

Art. 9. — Les articles 2, 3, 4, 5, 6, 7, 8, 9, 16, 17, 18, 19, 20, 21, 22, 23, 24, 25, 27, 28, 29, 30, 31, 32 du contrat du 29 avril 1886 sont applicables au présent acte, qui prendra fin à la même date.

Art. 10. — Le présent contrat sera soumis à l'approbation de M. le Lieutenant-Gouverneur en Conseil privé.

Saïgon, le 12 février 1890.

Le Directeur de l'Exploitation,
Signé : ARAUD.

Le Secrétaire général,
Signé : FOURÈS.

L'Inspection.

Le cachet.

Vu et approuvé en Conseil privé

Saïgon, le 5 mars 1890.

Le Lieutenant-Gouverneur,
Signé : DANEL.

Enregistré à Saïgon (Cochinchine Française), le 10 mars 1890, folio 125, recto, case 7. Reçu vingt-cinq cents.

Signé : GIGON-PABIN.

CAHIER DES CHARGES

POUR

L'EXPLOITATION DE LA LIGNE DE SAIGON-BANGKOK

MARCHÉ DE GRÉ A GRÉ

passé entre l'Administration locale et la Compagnie nantaise de Navigation à vapeur pour l'exploitation d'un service postal entre Saïgon et Bangkok.

CHAPITRE PREMIER

Itinéraire. — Durée de la concession.

ARTICLE PREMIER. — La Compagnie nantaise de Navigation à vapeur, représentée à Saïgon par M. Delpon, son capitaine d'armement, s'engage à exécuter entre Saïgon et Bangkok un service de bateaux à vapeur comprenant un voyage aller et retour tous les vingt jours, avec obligation de toucher au Cap, à Poulo-Condore, à Hatien ou à Phu-quoc, à Kampot et à Chantaboun, et arrêt facultatif, sur l'ordre de l'administration, à Rach-Gia, si les fonds le permettent.

La présente convention est faite pour une durée de neuf années à dater du jour de la mise en exploitation de la ligne, c'est-à-dire dans un délai de trois mois à compter de l'acceptation définitive de ladite convention.

La distance à parcourir par voyage est de 503 lieues (1,510 milles) aller et retour, soit, pour dix-huit voyages par an, un parcours total de 9,054 lieues.

ART. 2. — La colonie s'interdit de subventionner un nouveau service entre Saïgon et Bangkok, mais elle réserve tous ses droits de subventionner une autre ligne sur Poulo-Condore et le cap Saint-Jacques.

ART. 3. — La Compagnie s'engage à transporter gratuitement la correspondance, les colis postaux et les espèces d'or et d'argent pour le service de l'Etat ou de la Colonie, aux risques et périls de la Compagnie.

Art. 4. — L'Administration, après avoir pris l'avis de la Compagnie, fixera les jour et heure de départ.

Art. 5. — Le départ du paquebot de Saïgon ne pourra avoir lieu qu'après l'arrivée du courrier d'Europe, et son retour devra être combiné de façon à coïncider autant que possible avec le courrier rentrant en Europe.

L'Administration de la Colonie aura le droit, si ses convenances de service l'exigent, de retarder le départ de vingt-quatre heures au delà de l'itinéraire, sans que la Compagnie concessionnaire ait aucune indemnité à réclamer.

Ce retard sera mentionné sur le journal du bord par le commissaire du gouvernement.

Art. 6. — Le paquebot ne pourra faire escale ou relâche en d'autres points que ceux désignés par l'Administration.

Si le paquebot se trouve forcé de relacher sur d'autres points que ceux indiqués, le cas de force majeure devra être constaté par procès-verbal.

CHAPITRE II

Surveillance du service.

Art. 7. — Le Directeur de l'intérieur à Saïgon, ou son délégué, sera chargé de l'exécution des clauses du présent cahier des charges. Il pourra être institué dans le même but des commissaires du gouvernement sur d'autres points.

Les commissaires du Gouvernement auront le droit de faire à bord du paquebot toute visite et vérification qu'ils croiront nécessaires ; ils pourront se faire accompagner à cet effet des personnes qu'ils jugeront capables de les assister.

Art. 8. — Les commissaires du Gouvernement sont nommés par le gouverneur.

Art. 9. — Une commission de surveillance, appartenant à l'Administration, à la marine militaire et au commerce, sera constituée à Saïgon.

Les membres seront désignés par le Gouverneur.

Dans les visites et vérifications que le commissaire du Gouvernement fera à bord du paquebot, il pourra réclamer le concours de chacun des membres de cette commission.

La commission prononce sur toutes les décisions qui pourront être prises par le commissaire du Gouvernement et dont la Compagnie croirait devoir appeler devant elle.

ART. 10. — Au moment du départ des paquebots, le tirant d'eau fixé pour la pleine charge sera vérifié par les soins du commissaire du Gouvernement, lequel s'assurera que l'équipage est au complet et constatera l'heure du départ.

ART. 11. — Le commissaire du Gouvernement et les agents des postes, lorsqu'ils le jugeront convenable, pourront exiger la communication du journal du bord.

CHAPITRE III

Des Paquebots.

ART. 12. — La Compagnie s'engage à avoir à flot, dès l'entrée en service sur la ligne, un steamer de 700 tonneaux de jauge brute.

Le délai de remplacement, en cas de sinistre ou mise hors service accidentelle, est réduit à six mois.

Toutefois, au cas où les bénéfices de l'exploitation atteindront 20 0/0 du capital formé par la valeur du navire et les frais annuels d'exploitation, la Compagnie s'engage à fournir un second bateau d'une vitesse de 11 nœuds, sans augmentation de subvention.

Les navires affectés à la ligne de Saïgon-Bangkok devront être inscrits au Lloyd ou au Véritas avec la cote première classe, première catégorie.

ART. 13. — Le paquebot employé par la Compagnie devra naviguer sous pavillon français.

Le capitaine et le premier mécanicien devront être Français.

ART. 14. — La vitesse moyenne du paquebot par heure devra être de huit nœuds au moins.

ART. 15. — Le navire affecté au service mentionné à l'article 1er ne sera employé qu'après avoir été examiné et reçu par une commission spéciale nommée par le gouverneur, laquelle aura seule qualité pour autoriser la mise en service.

Il en sera de même du bateau appelé à le remplacer en cas de perte ou d'avaries.

La commission s'assurera que le bâtiment satisfait aux conditions suivantes :

1° Que la coque et les appareils sont en bon état, d'une solidité suffisante et propres aux services postal et commercial auxquels ils sont destinés ;

2º Que les chaudières peuvent supporter à froid, sans déformation sensible, la charge en usage dans la marine française ;

3º Qu'au tirant d'eau moyen les vitesses du navire atteignent neuf nœuds.

Art. 16. — Le paquebot, bien que destiné principalement à une ligne commerciale, devra être aménagé pour recevoir de quarante à cinquante passagers des deux premières classes. Les installations seront pourvues de tous les objets nécessaires pour l'usage des voyageurs.

Art. 17. — Le paquebot devra embarquer, outre l'approvisionnement de combustible nécessaire pour accomplir la traversée à laquelle il est destiné, une réserve au moins égale au cinquième dudit approvisionnement.

Il devra également prendre l'eau et les vivres solides et liquides nécessaires pour les passagers et l'équipage, même en cas de retard dans la navigation.

Art. 18. — Le paquebot sera en outre pourvu d'embarcations de sauvetage et de tous les objets d'armement exigés à bord des navires de commerce de première classe, des rechanges et des approvisionnements nécessaires pour assurer une bonne navigation.

La commission chargée de la réception dudit navire en examinera l'inventaire, qui sera arrêté définitivement par l'Administration, la Compagnie entendue, et devra toujours être tenu au courant.

Art. 19. — A chaque départ, le commissaire du Gouvernement pourra vérifier si rien ne s'oppose à ce que ledit bâtiment puisse être mis en mer, sans compromettre le service postal et la sécurité des personnes.

S'il jugeait qu'il y eût lieu de l'empêcher, il convoquerait immédiatement la commission de surveillance, qui aurait le droit d'exiger que le bâtiment soit remplacé.

Faute par la Compagnie de satisfaire à ces injonctions, le commissaire prendra telles mesures qu'il jugera utiles pour assurer le départ des dépêches au jour fixé.

Art. 20. — Le paquebot, ses machines et ses objets d'armement devront être tenus en état constant de bon entretien.

CHAPITRE IV

Du service des postes.

Art. 21. — Un local placé dans un lieu sûr et fermant à clef devra être réservé dans le paquebot pour les dépêches. Le bâtiment sera en outre pourvu d'une boîte aux lettres mobile.

Art. 22.—Le capitaine du paquebot sera responsable des dépêches au même titre qu'un agent des postes et n'aura droit à aucune iudemnité de ce fait.

Les correspondances et la boîte mobile seront prises et apportées aux différents bureaux de poste du parcours par les soins du capitaine.

Art. 23. — Dans le cas où un agent des postes serait embarqué pour le service à bord du paquebot, une cabine de première classe serait gratuitement affectée à son usage. Il serait nourri à la table des passagers de première classe ou à celle des officiers, moyennant moitié prix des tarifs et une embarcation convenablement armée serait mise à sa disposition pour les besoins du service.

Art. 24. — Dans le cas ou, par suite d'un accident, le voyage commencé ne pourrait s'achever, le capitaine devra assurer le transport des dépêches par la voie la plus rapide. Les frais de transport seront à la charge de la Compagnie.

Art. 25. — Toute contravention aux lois sur le transport des lettres commise par le représentant de la Compagnie ou par ses agents sera punie conformément aux lois.

En cas de récidive et si les circonstances démontraient que le fait de contravention doit être attribué à l'un des agents de la Compagnie, cet agent devra être destitué sur la demande du gouvernement, sans préjudice des peines qu'il aura encourues.

CHAPITRE V

Des passagers et des marchandises.

Art. 26. — Les passagers civils et militaires voyageant sur réquisition soit à leurs frais, soit aux frais de l'Administration, seront admis sur les paquebots de la Compagnie avec leur famille en vertu d'un ordre du directeur de l'intérieur, du chef du service administratif ou des consuls de France.

Les passagers de première classe paieront 0 fr. 40 par lieue marine parcourue, ceux de la deuxième classe 0 fr. 30.

Toutefois, si le nombre de passagers à embarquer en vertu du présent article devait excéder le quart des places sur le navire, la Compagnie serait prévenue cinq jours à l'avance.

Les sous-officiers et soldats naviguant en troupes, les prisonniers et leur escorte, les indigents rapatriés seront transportés sur le pont au prix de 0 fr. 15 par lieue marine parcourue.

Les enfants de trois à dix ans paieront demi-place pour le passage et la nourriture.

Il est accordé un lit pour un enfant payant demi-place, mais deux enfants payant demi-place n'ont droit qu'à une couchette.

Les demi-places sont calculées en prenant pour base le prix du tarif appliqué aux personnes qui les accompagnent.

Au-dessus de dix ans, les enfants paient place entière.

Art. 27. — La Compagnie sera tenue de recevoir sur son paquebot quand elle en sera requise, les armes, les munitions et approvisionnements destinés au service de l'Etat ou de la Colonie moyennant un fret de 0 fr. 10 fr. par tonneau d'encombrement ou de mille kilogrammes par lieue marine parcourue, y compris les frais de chargement et de déchargement à terre.

Le capitaine devra suivre les indications du préposé de l'administration pour l'arrimage des munitions. Il est d'ailleurs bien entendu que le capitaine ne sera tenu de recevoir que les quantités d'objets qui pourront être contenues dans l'emplacement disponible à bord de son paquebot au moment où il aura été prévenu.

Art. 28. — La Compagnie aura la faculté de transporter sur son paquebot des passagers et des marchandises aux conditions qui lui conviendront.

Le prix du transport des passagers, des matières d'or et d'argent et des marchandises apppartiendra à la Compagnie.

Le produit de la taxe des correspondances et des colis postaux et de leur transport appartiendra à la Colonie.

L'introduction en Cochinchine de l'opium, des alcools, des armes et des munitions est formellement interdite aux navires de la Compagnie.

CHAPITRE VI

Des pénalités.

Art. 29. — Les départs du paquebot auront lieu, comme il a été dit à l'article 4, au jour et heure fixés par l'administration.

Tout retard dans l'heure du départ des points extrêmes, hors le cas de force majeure dûment constaté, et ceux où le paquebot aura été retenu temporairement par les autorités compétentes, rendra la Compagnie passible d'une amende de 25 fr. par heure. Au delà de douze heures consécutives de retard non justifié, l'amende sera portée à 50 fr. par heure.

Art. 30. — Dans le cas où le retard apporté au départ du paquebot dépasserait vingt-quatre heures, le commissaire du gouvernement et, à son défaut les consuls prendront les mesures nécessaires pour assurer le service des dépêches et tous les frais résultant des dispositions prises seront mis à la charge de la Compagnie.

Lorsque, pour une cause quelconque, les dépêches ne pourront être expédiées que par le paquebot qui effectuera le voyage réglementaire postérieur au départ non accompli, le nombre de lieues non parcourues dans ces conditions donnera lieu à une réduction proportionnelle de la subvention.

Art. 31. — En cas de relâche non justifiée par les circonstances, l'amende sera portée pour une première relâche à 500 fr., et à 1,000 francs pour la seconde ; à la troisième infraction et aux suivantes, l'amende sera de 2,000 fr.

Il est en outre accordé à la Compagnie comme indemnité de nourriture une somme de 5 fr. par repas (deux repas par jour) pour les passagers de première classe ; de 3 fr. par repas (deux repas par jour) pour les passagers de deuxième classe ; de 1 fr. par repas (trois repas par jour) pour la troupe et les passagers naviguant au prix de 0 fr. 15 la lieue marine quand ils ne se nourrissent pas eux-mêmes. Dans ce dernier cas, ils auront droit aux fourneaux.

Chaque passager de première ou de deuxième classe aura droit à 200 kilos de bagages, les passagers à 0 fr. 15 à 50 kilos.

Les enfants au-dessous de trois ans seront transportés gratuitement, même pour la nourriture ; ils n'auront pas de couchettes désignées, mais devront coucher avec leurs parents.

Art. 32. — En cas de perte d'un paquebot, si le remplacement ne se fait pas dans le délai réglementaire prescrit par l'article 12, la Compagnie sera passible pour chaque jour de retard d'une amende de 50 francs.

Art. 33. — Le montant des amendes et retenues fixés conformément aux articles ci-dessus sera prélevé par l'Administration sur les sommes dues à la Compagnie.

CHAPITRE VII

Subvention et cautionnement.

Art. 34. — L'exploitation de la ligne telle qu'elle est décrite à l'article 1er a lieu moyennant une subvention annuelle de 134,000 francs (cent-trente-quatre mille francs), fixée à forfait.

Art. 35. — Dans un délai d'un mois à dater de l'approbation des présentes par M. le Gouverneur en Conseil privé, la Compagnie sera tenue de verser au Trésor un cautionnement de 20,000 francs qui restera acquis à la Colonie au cas où le service ne serait pas organisé dans le délai prévu.

Art. 36.—Le cautionnement sera immédiatement remboursé après la réception du matériel exigé par l'article 12.

CHAPITRE VIII

Mode de paiement de la subvention.

Art. 37. — Moyennant la subvention prévue à l'article 34, la Compagnie exécutera le service mentionné à l'article 1er du présent contrat à ses frais, risques et périls et toutes les dépenses de nature quelconque, y compris les fortunes de mer, seront à sa charge.

Art. 38. — Le paiement de la subvention sera ordonnancé à terme échu par le Directeur de l'intérieur de mois en mois et par douzième sous la réduction des retenues qui auraient pu être prononcées dans les cas prévus au présent cahier des charges.

Les paiements auront lieu au choix de la Compagnie, soit en France, soit à Saïgon en piastres au taux du jour.

CHAPITRE IX

Cas de guerre. — Règlement des indemnités.

Art. 39.—En cas de guerre ou d'hostilités dans un quelconque des bassins desservis par la Compagnie, le gouvernement de la Colonie supportera les chances de guerre qui pourraient en résulter, à moins qu'il n'ait mis la Compagnie en demeure de cesser son service.

Si le Gouvernement met la Compagnie en demeure de cesser son service, la Compagnie aura cependant la faculté de le continuer à ses risques et périls.

Le temps de la cessation totale ou partielle sera compris dans la durée de la concession.

Pendant toute la durée de l'interruption du service, la subvention de la Compagnie sera réduite de moitié.

CHAPITRE X

Dispositions particulières.

Art. 40.— Dans le cas où pour tout autre motif que pour le cas de guerre, la Compagnie suspendrait l'exploitation, le Gouvernement local aurait le droit de reprendre, à dire d'experts, le bâtiment avec son matériel et les approvisionnemenis sans préjudice des dommages-intérêts à réclamer.

Art. 41. — La Compagnie ne pourra sous-traiter en tout ou partie sans l'approbation du Gouverneur en Conseil privé.

S'il était reconnu qu'elle ait traité sans ce consentement préalable, le Gouvernement serait en droit de résilier le traité sans indemnité.

CHAPITRE XI

Clauses spéciales.

ART. 42. — Le navire de la Compagnie sera exempt de droits de phare et d'ancrage dans les ports français. Il pourra se dispenser de prendre des pilotes ; cependant, au cas où le concours d'un pilote serait indispensable pour descendre ou remonter la rivière de Saïgon, le navire de la Compagnie jouirait des avantages accordés par le règlement sur le pilotage du 12 décembre 1884 aux paquebots des Messageries maritimes faisant la poste.

ART. 43. — Tous les paiements à faire à la Compagnie ne seront pas passibles de la retenue de 3 0/0 au profit de la Caisse des Invalides de la marine, cette retenue ayant été supprimée à partir du 1er janvier 1884 (loi du 29 décembre 1882).

ART. 44. — Les frais d'enregistrement des présentes sont fixés à 0 $ 19, qui seront supportés par la Compagnie.

ART. 45. — La Compagnie sera en outre tenue de fournir dans les huit jours qui suivront la notification de l'approbation du présent acte par le chef de la Colonie 50 exemplaires imprimés conformes à l'original.

ART. 46. — Le présent contrat ne sera valable et exécutoire qu'après l'approbation de M. le Gouverneur en Conseil privé.

Il sera en outre soumis à la ratification du conseil d'administration de la Compagnie nantaise de Navigation à vapeur.

ART. 47. — Dont acte fait et passé à Saïgon, dans les bureaux de la Direction de l'intérieur, rue Lagrandière, le 31 janvier 1887.

Les parties ont déclaré en connaître toutes les stipulations et ont signé après lecture.

Le Directeur de l'intérieur,
Signé : NOEL PARDON.

La Compagnie nantaise de Navigation
à vapeur :
Le Représentant à Saïgon,
Signé : A. DELPON.

Approuvé en conseil privé dans la séance du 2 février 1887 :
Le Gouverneur,
Signé : FILIPPINI.

Vu :
L'Inspecteur adjoint des services
administratifs et financiers,
Signé : H. DANEL.

Ratifié dans la séance du 16 mars 1887.
Les Administrateurs de la Compagnie nantaise de Navigation à vapeur.

Lu et approuvé :
Le Président,
Signé : R. BERNARD.

Lu et approuvé :
L'Administrateur-délégué,
Signé : X. BOUBÉE.

Enregistré à Saïgon (Cochinchine française), le 8 février 1887, fº 124 V. C. 4. Reçu : 1 franc.

Signé : GERS DES RIVIÈRES.

ACTE ADDITIONNEL

Les articles 1ᵉʳ, 15, 16 du cahier des charges, en date du 2 février 1887, sont modifiés comme suit :

ARTICLE PREMIER. — La Compagnie nantaise de Navigation à vapeur, représentée à Saïgon par M. Delpon, son capitaine d'armement, s'engage à établir entre Saïgon et Bangkok un service de bateaux à vapeur comprenant un voyage, aller et retour, tous les vingt jours, avec escale obligatoire, dans les deux cas, au cap Saint-Jacques et à Poulo-Condore ; à l'aller, le navire de la Compagnie ne pourra effectuer aucune autre relâche sans l'autorisation de l'administration.

Toutefois la Compagnie est autorisée à relâcher pendant quatre mois à l'aller à Chantaboun, à titre d'essai ; ce délai expiré, cette escale sera supprimée, s'il est reconnu qu'elle favorise le courant commercial plutôt vers Bangkok que vers Saïgon.

L'arrêt prévu par le précédent cahier des charges, dans les autres localités, sera facultatif pour la Compagnie au retour seulement ; l'Administration pourra néanmoins prescrire des arrêts au retour à Chantaboun, Kampot, Hatien, Rach-Gia et Phu-quoc.

ART. 15. — Le navire désigné pour effectuer ce service devra, aux essais, atteindre une vitesse de huit nœuds.

Art. 16. — Le paquebot sera aménagé pour recevoir quinze passagers des deux premières classes et trente-cinq passagers de pont.

Saïgon, le 13 juin 1887.

Le Directeur de l'intérieur,
Signé : NOEL PARDON.

Pour la Compagnie nantaise de
Navigation à vapeur.

Le Représentant à Saïgon,
Signé : A. DELPON.

Approuvé en conseil privé, le 30 juillet 1887.

Le Gouverneur,
Signé : FILIPPINI.

Enregistré à Saïgon (Cochinchine française), le 5 août, folio 42, R. C. 4. Reçu : 1 franc.

Signé : GIGON-PAPIN.

ACTE RECTIFICATIF

ARTICLE PREMIER. — L'artible 1er du marché ci-contre est modifié de la manière suivante :

La Compagnie nantaise de Navigation à vapeur, représentée à Saïgon par M. Delpon, son capitaine d'armement, s'engage à exécuter entre Saïgon et Bangkok un service de bateaux à vapeur comprenant un voyage aller et retour tous les vingt-huit jours, conformément à la délibération du conseil colonial du 10 janvier 1891 avec obligation de toucher dans les deux cas au Cap, à Poulo-Condore, à Hatien, Hong-Chong, Kampot et, si les fonds le permettent, à Rach-Gia.

Les escales de Hatien, Hong-Chong, Kampot et Rach-Gia ne seront desservies que pendant la période du 15 octobre au 15 juin.

Art. 2. — Toutes les autres clauses et conditions du marché du

31 janvier 1887 et de l'acte additionnel du 13 juin 1887 non contraires aux présentes dispositions sont et demeurent maintenues.

Fait à Saïgon, le 30 avril 1891

Le Secrétaire général,
Signé : J. FOURÈS.

Accepté :

Pour la Compagnie nantaise de
  Navigation à vapeur.

Le Représentant à Saïgon,
  Signé : DELPON.

Approuvé en séance du Conseil privé du 20 mai 1891.

Le Lieutenant-Gouverneur,
Signé : DANEL.

Enregistré à Saïgon (Cochinchine française), le 27 juin 1891, folio 188, R. C. 4. Reçu : vingt-cinq cents (0.25).

Signé : GIGON-PAPIN.

ACTE ADDITIONNEL

Entre M. Escoubet, secrétaire général, représentant l'administration locale, d'une part,

Et M. Blanchet, représentant de la Compagnie des Messageries fluviales, agissant par procuration en date du 19 mai 1891 pour le compte de la Compagnie nantaise de Navigation à vapeur, d'autre part,

A été convenu ce qui suit :

ARTICLE PREMIER. — Est accepté, selon la décision du Conseil privé en date du 24 mai 1893, la substitution de la Compagnie des Messageries fluviales à la Compagnie nantaise dans l'exploitation d'un service postal entre Saïgon et Bangkok.

ART. 2. — Les contrats en cours,
Le marché primitif du 31 janvier 1887,

L'acte additionnel du 13 juin 1887,
L'acte additionnel du 30 avril 1891,
Demeurent maintenus.

Art. 3. — La Compagnie des Messageries fluviales est autorisée à utiliser le vapeur *J.-B.-Say* pour assurer le service de la ligne précitée sous la réserve ci-après :

Les modifications à apporter à l'aménagement actuel du bateau pour le confort des passagers que l'administration reconnaît nécessaires et que M. Blanchet, au nom de la Compagnie qu'il représente s'est formellement engagé à effectuer, seront entreprises aussitôt après l'approbation du présent contrat et terminées dans un délai de deux mois, sur les indications du service des travaux publics.

Art. 4. — M. Blanchet est tenu de fournir vingt copies du présent acte additionnel huit jours après son approbation.

Fait à Saïgon, le 24 mai 1893.

Le Secrétaire général,

Signé : ESCOUBET.

Accepté :
Pour la Compagnie nantaise de
Navigation à vapeur.

Le Représentant à Saïgon,
Signé : L. BLANCHET.

Approuvé en séance du Conseil privé du 24 mai 1893.

Le Lieutenant-Gouverneur,

Signé : FOURÈS.

Enregistré à Saïgon (Cochinchine française), le 2 juin 1893 f° 200 R. C. 8, Reçu : vingt-cinq cents (0.25).

Signé : ILLISIBLE.

SERVICE POSTAL DES CORRESPONDANCES

FLUVIALES ET MARITIMES

DANS L'INTÉRIEUR DE LA COCHINCHINE & DU CAMBODGE

ET DE SAIGON A BANGKOK

Vu le contrat du 29 avril 1886 pour l'exploitation du service postal et des correspondances fluviales en Cochinchine et au Cambodge ;

Vu l'acte additionnel du 31 juillet 1889 créant la ligne de Pnom-Penh à Stung-Treng ;

Vu l'acte additionnel du 12 février 1890 pour l'exploitation du service postal entre Tanan et Trabec ;

Vu le marché du 24 mai 1893 pour l'exploitation du service postal entre Saïgon et Bangkok ;

Vu la demande de prorogation des contrats ci-dessus, adressée à l'administration par la Compagnie des Messageries fluviales de Cochinchine ;

Vu la délibération du Conseil colonial de la Cochinchine en date du 7 novembre 1894, approuvant ladite demande :

Entre M. Fourès (Julien-Auguste), Lieutenant-Gouverneur de la Cochinchine, stipulant au nom de la colonie de Cochinchine, le Conseil privé entendu (séance du 8 novembre 1894), d'une part,

Et M. Araud (Aristide), Directeur de l'exploitation de la Compagnie des Messageries fluviales de Cochinchine, dont le siège est à Paris, rue Bergère, nº 9, stipulant au nom de ladite Compagnie, d'autre part,

Il a été convenu ce qui suit :

Art. 1er. — Les contrats visés ci-dessus sont prorogés jusqu'au 14 janvier 1915 aux conditions suivantes :

Art. 2. — La Société consent sur tous ces contrats et à partir de ce jour un rabais de 7 0/0 sur le montant de la subvention fixée par lieue marine (art. 26 du contrat du 29 avril 1886) et sur le prix des passages des trois classes, ainsi que sur le fret de 10 centimes par tonneau d'encombrement ou par mille kilos par lieue marine parcourue (art. 19 et 20 du même contrat).

Art. 3. — Les passagers de 1re classe auront droit à 500 kilogrammes de bagages ou en encombrement à 2 mètres cubes, ceux de 2e classe à 250 kilogrammes ou en encombrement à un mètre cube, les autres passagers à 50 kilogrammes seulement (art. 19 du contrat du 29 avril 1886).

Art. 4. — La Compagnie sera tenue de recevoir sur ses bâtiments, jusqu'à concurrence de la moitié du chargement, les armes, munitions, approvisionnements destinés au service de l'Etat et de la Colonie (art. 20 du même contrat).

Art. 5. — La Compagnie fixera ses tarifs pour les voyageurs et les marchandises du commerce, sans cependant que les prix puissent être supérieurs de plus de 40 0/0 à ceux arrêtés pour l'administration.

Art. 6. — La Compagnie s'engage à accorder une réduction de 30 0/0 sur les passages d'aller et retour d'une durée de quinze jours et de 20 0/0 sur ceux ayant une durée d'un mois.

Art. 7. — La ligne de Saïgon au cap Saint-Jacques devient bi-hebdomadaire pendant la mousson de Nord-Est (de novembre à mai) ; elle sera desservie par un des grands paquebots d'au moins 300 tonneaux. Le nombre des voyages devra être augmenté au fur et à mesure des besoins, si l'administration le demande.

Toutefois, tant que l'appontement du cap Saint-Jacques ne permettra pas l'accostage des grands bateaux d'au moins 300 tonneaux, le service continuera à être fait par des vapeurs de moindre tonnage pouvant accoster à l'appontement actuel.

Art. 8. — Dans le cas où la Compagnie ne pourrait pas desservir les lignes non prévues dans ses contrats à des conditions de prix inférieures à celles desdits contrats, la Colonie pourrait traiter pour le service de ces lignes seulement avec d'autres entrepreneurs.

Art. 9. — Si un service bi-hebdomadaire est demandé par l'administration entre Chaudoc et Hatien au moyen de chaloupes à faible tirant d'eau, la subvention à payer sera fixée à raison de 3 francs par lieue marine parcourue.

Il en sera de même pour le service que l'Administration pourrait demander entre Longxuyen et Rach-Gia.

Art. 10. — Le service de Saïgon à Tayninh partira de Ben-Luc au lieu de Saïgon, quand l'Administration le jugera nécessaire et à la seule condition de prévenir la Compagnie huit jours à l'avance. Dans ce cas, la Compagnie devra faire partir son vapeur de Ben-Luc, en amont du pont du chemin de fer, de façon à ne pas faire attendre plus d'une heure les voyageurs descendant du train de Saïgon. Il en sera de même au retour de Tayninh (Benkeou). L'appontement et l'abri destinés aux voyageurs et aux marchandises, ainsi que la route d'accès, seront construits par les soins de la Colonie qui demandera à la Compagnie d'exploitation du chemin de Saïgon à Mytho de faire une halte aussi près que possible de la rive du Vaïco.

Le transport des colis et des marchandises de cette halte à l'abri situé près de l'appontement devra être effectué gratuitement par la Compagnie des Messageries fluviales tant pour le commerce que pour l'Administration.

Art. 11. — Les chaloupes actuellement en service sur la ligne de

Mytho à Bentré et Travinh (avec retour par Bentré) ainsi que la chaloupe en service sur la ligne de Daingaï à Baclieu devront être remplacés dans un délai de deux ans à compter de la date du présent contrat par des chaloupes neuves et mieux aménagées. Les nouvelles chaloupes devront avoir une vitesse moyenne d'au moins huit nœuds à l'heure.

Art. 12. — Dans un délai qui ne devra pas excéder quatre ans à partir de la date du présent contrat, les vapeurs le *Mouhot* et le *Phuoc-Kien* devront être remplacés par des bateaux neufs, mieux aménagés, de dimensions au moins égales et ayant une vitesse moyenne de neuf nœuds et demi à l'heure.

Les autres bateaux du même type, le *Francis-Garnier* et le *Cantonnais*, devront aussi être remplacés dans les quatre années suivantes et dans les mêmes conditions que pour les précédents.

La Compagnie fera sur les anciens bateaux les améliorations d'aménagement et de service des voyageurs qui lui seraient demandées dès maintenant par l'Administration.

Art. 13. — Le service de Saïgon à Bangkok sera bi-mensuel.

Un second navire du même type et de la même grandeur que le *Bassac* devra être affecté à la ligne de Chaudoc, Pnom-Penh, Kratié, Stung-Trung et prolongée jusqu'à Khône-Sud, et être prêt à partir de Pnom-Penh, le 1er juillet 1896, pour commencer concurremment avec le *Bassac* un service sur le fleuve « Mekong ».

Le service sera bi-hebdomadaire entre Pnom-Penh et Khône-Sud dès la prochaine saison des hautes eaux et tri-hebdomadaire les années suivantes, si l'administration l'exige.

Art. 14. — La Compagnie construira à Saïgon un troisième appontement en fer. Les deux appontements existant actuellement seront reconstruits en fer.

Art. 15. — Tout fonctionnaire et officier changeant de poste auront droit au transport gratuit de 10 mètres cubes de bagages.

Art. 16. — Dans un délai d'un an à partir de la date du présent contrat les ateliers de grosse chaudronnerie de la Compagnie actuellement sur les quais de Saïgon devront être transférés à An-Loi-Xa.

Les dépôts de bois sur les quais de Saïgon ne devront pas excéder quatre cents mètres cubes.

Art. 17. — Dans le délai d'un an à partir de la date du présent contrat, l'*Attalo* devra être remplacé dans son service actuel et ne pourra être utilisé à un autre service qu'après transformation complète de tous les emménagements qui devront être confortables.

Art. 18. — La composition des repas des passagers de toutes classes devra être conforme au tableau annexé au présent contrat. Tout passager aura le droit, sur sa demande, de consigner sur un registre spécial les réclamations que pourrait comporter l'inexécution de la clause précédente.

Art. 19. — A Pnom-Penh, la Compagnie devra tenir une chaloupe à vapeur à la disposition des passagers. Cette même chaloupe servira au transport des petits colis et au besoin devra remorquer les chalands contenant le matériel et les approvisionnements de toute nature des divers services de l'Etat et de la Colonie.

Art. 20. — En cas d'inexécution de l'article 4 du présent contrat, la Compagnie sera passible d'une amende de 500 francs à 5,000 francs, suivant l'importance des approvisionnements qui n'auront pas été embarqués.

En cas d'inexécution de l'article 5 du présent contrat, la Compagnie sera passible d'une amende égale au triple des sommes perçues en trop sans préjudice des dommages-intérêts qui pourront lui être réclamés par les parties auxquelles un dommage aurait été causé de ce chef.

Si le remplacement des chaloupes et des navires prévus par les articles 11, 12 et 17 du présent contrat ne se faisait pas dans les délais réglementaires, la Compagnie serait passible d'une amende de 50 francs par jour de retard, et par bateau.

En cas d'inexécution de l'article 13 du présent contrat dans les délais réglementaires, la Compagnie serait également passible d'une amende de 50 francs par jour de retard.

En cas d'inexécution de l'article 16 dans le délai prévu, la Compagnie serait passible d'une amende de 60 francs par jour de retard et de 1 franc par jour et par mètre cube pour l'excédent de bois constaté par procès-verbal.

Lesdites pénalités pourront être appliquées sans préjudice de celles édictées par les articles 22, 23, 24 et 25 du contrat du 29 avril 1886.

Art. 21. — Les frais d'enregistrement du présent contrat sont fixés à 1 franc et restent à la charge de la Compagnie qui s'engage en outre à fournir trois cents exemplaires imprimés du présent contrat.

Saigon, le 9 novembre 1894.

Le Lieutenant-Gouverneur,
Signé : J. Fourès.

La représentant de la Compagnie,
Signé : *Le Directeur de l'Exploitation,*
Araud.

Approuvé, le 9 novembre 1894,
Le Gouverneur général,
Signé : de Lanessan.

Enregistré à Saigon (Cochinchine française), le 10 novembre 1894, f° 69 verso case 8. Reçu 25 cents.

Signé : Mattei.

ANNEXE AU CONTRAT DU 9 NOVEMBRE 1894

Entre l'Administration de la Cochinchine et la Compagnie des Messageries fluviales.

DÉTAIL DU MENU DES REPAS

1re *classe*

Déjeuner	Dîner
Hors-d'œuvre.	1 potage.
1 plat œufs ou poisson	1 relevé.
1 plat saucé.	1 entrée.
1 grillade.	1 légume.
1 plat froid.	1 rôti.
Fruits.	Salade.
Fromage,	Entremets sucré
Biscuits secs.	Fruits.
Café moka.	Fromage.
1 petit verre cognac.	Biscuits secs.
Pain et vin à dis- crétion.	Café moka.
	1 petit verre cognac.
	Pain et vin à discrétion.

Pont pour indigène avec nourriture indigène.

2e *classe*

Déjeuner	Dîner
Hors-d'œuvre.	1 potage.
1 plat œufs ou poisson	1 entrée.
1 entrée saucée.	1 légume.
1 grillade.	1 rôti.
Fruits.	Fruits.
Biscuits secs.	Fromage.
Fromage.	Biscuits secs.
Café.	Café.

Pain et vin à discrétion.

3e *classe* ou pont avec nourriture.

Déjeuner	Dîner
1 plat légumes secs ou hors-d'œuvre.	1 potage. 1 entrée.
1 plat saucé.	1 légume.
1 grillade.	1 rôti.
Fruits frais ou secs.	Fruits frais ou secs.
Fromage.	
Thé.	Fromage.
Pain et vin d'équi- page.	Café ou thé. 1 petit verre tafia

Vu pour être annexé au contrat du 9 novembre 1894.

Saïgon, le 9 novembre 1894.

Le Lieutenant-Gouverneur,
Signé : J. FOURÈS.

Le Représentant de la Compagnie,
Signé : ARAUD.

Le Gouverneur-général,
Signé : DE LANESSAN.

Enregistré à Saïgon (Cochinchine française), le 10 novembre 1894, folio 70, recto, case 1. Reçu 25 cents.

Signé : MATTEI.

991. Paris. — Soc. anon. de l'imp. Kugelmann, 12, rue de la Grange-Batelière (G. Balitout, dir.)